세상의 두근거림은 다 어디로 갔을까

손영희 시집

시인동네 시인선 224   손영희 시집

세상의 두근거림은 다 어디로 갔을까

시인동네

시인의 말

이미 살은 다 주어버리고 뼈만 하얗게 남아 풍화되고 있는 말의 형상을 보았을 때
  나는 마침내 말의 감옥에서 탈출할 수 있을 것 같았다.
  아니 그렇게 믿었다.

  모래 폭풍 속을, 아득한 지평선을, 아무리 달리고 달려도

  말의 감옥은 여전하다.

2024년 1월
손영희

차례

시인의 말

제1부

시래기 엮음歌 · 13
정류장 연가 · 14
고비, 사막 · 15
오후를 논하다 · 16
뿔이 무슨 상관이랴 · 17
다시, 11월 · 18
그 겨울, 변산반도 · 19
느티나무 정자 · 20
빈집의 서사 · 21
해 질 무렵 · 22
봄밤 · 23
이른 저녁의 詩 · 24
밤을 주우며 · 25
미혹 · 26

제2부

문산 택시 승강장에서 · 29

옥천사 · 30

세비야 · 31

적막 한 채 · 32

우후죽순 · 33

장산댁 · 34

한식뷔페 · 35

진천댁 · 36

느티나무의 폐업 · 37

정자리의 밤 · 38

소나기 · 39

목발 · 40

동춘 서커스 · 41

막간 · 42

제3부

제비꽃 물김치 · 45

내가 읽은 월아산 · 46

귀환 · 47

고립, 혹은 희망 · 48

탁구를 치러 갔네 · 49

변두리 사설 1 · 50

변두리 사설 2 · 51

버스 정류장 2 · 52

산 30번지 · 53

오해 · 54

흑백사진 2 · 55

레커 · 56

캐리어 · 57

사진 속으로 · 58

고추밭 서정 · 59

동질감 · 60

제4부

늪 · 63

우포 산책 · 64

여름 우포 · 65

가을, 쪽지벌 · 66

겨울 우포늪 1 · 68

겨울 우포늪 2 · 69

나의 과수원 · 70

달빛 아래 · 71

파문 1 · 72

파문 2 · 73

정자리 사설 1 · 74

정자리 사설 2 · 75

포수 · 76

택호 · 77

살모사 · 78

제5부

산촌에서 열흘 2 · 81

길 · 82

완경 · 83

꽃잎들 우글거릴 때 · 84

일월에서 · 85

흑백사진 2 · 86

폭설 · 87

창고 · 88

실업급여 수급자를 위한 취업희망카드 · 89

나트랑 오토바이 1 · 90

나트랑 오토바이 2 · 91

삼탄아트마인 · 92

비 오는 월요일 · 93

책벌레 · 94

해설 저 쓸모없는 것들의 고귀함 · 95
  오민석(시인·문학평론가)

제1부

시래기 엮음歌

한데에 그대를 널자 생기가 사라졌다

묶이는 어떤 생은 갈피가 많다는 것

기어코 남은 향기는 허공에나 꽃피운다

혼이 나갔으니 날마다 환청인데

조이면 바스러질 목줄처럼 서걱대다

서러운 싸락눈에나 뺨을 내줄 뿐

몸을 부풀리던 기억의 습성은 남아

사막에 길을 터준 별빛에 기대어

시 한 편 물에 불리며 여물어 가겠네

정류장 연가

버스정류장 의자에 한 노인이 앉아 있다

노란 송홧가루가 입속으로 날아들어도

짓무른 눈 가장자리로 파리가 들러붙어도

골골거리며 떠나는 마을버스 꽁무니에서

검은 눈물 같은 매연이 시야를 흐려도

딱딱한 나무 의자를 한사코 놓지 않는다

고비, 사막

아버지, 간밤에 말이 죽었어요

그때 고삐를 놓은 건지 놓친 건지

쏟아진 햇살이 무거워 눈을 감았을 뿐

한 발 올라가면 두 발 미끄러지는

잿빛 모래언덕도 시간을 허물지 못해

이곳은 지평선이 가둔 미로의 감옥입니다

한세월 신기루만 쫓다가 허물어지는

사방이 길이며 사방이 절벽입니다

아버지, 간밤에 홀연히 제 말이 죽었어요

오후를 논하다

공기는 차고 얼음판처럼 미끄러워

개가 끌고 가는 오후가 파랗다

풀들은 유쾌한 듯이 볼륨을 높이고,

어제는 수북하게 꽃이 피려고

마음 한구석이 참 달고 불룩하더니

오늘은 이별이 찾아와

개의 허리가 야위다

뿔이 무슨 상관이랴

이제 막 촉을 내민 콩잎이 사라진 건

뿔난 짐승이 산을 내려왔던 흔적이다

갑자기 뿔이 솟는다 거칠고 뾰족하다

목숨을 담보한 익숙한 허기 앞에

물어뜯고 으르렁대며 뿔과 뿔이 맞붙는

세상이 어깃장을 놓아도 동은 또 터오고

다시, 11월

후진하다 늙고 병든 개를 칠 뻔하다

하얗게 질린 백미러가 움찔하다

구겨진 허공을 두고 변명을 늘어놓다

순항하던 고요가 폐선처럼 녹이 슨

경직된 일상이 진눈깨비처럼 펄럭여

마음속 편린들에게 여지를 남기다

그 겨울, 변산반도

바람의 일대기를 마구 덧칠하는

화폭은 좌초한 배 한 척을 올리고

탄생의 비화를 엮어 절여 놓은 항구들

어느 순간에 길을 잘못 들었을까

곰소에 염전은 없고 검은 실루엣만

사나운 청춘의 시기를 낙관처럼 찍고 있다

느티나무 정자

느티나무 정자가 하루 종일 성업이다

노숙을 자처한 살림살이도 한몫하는

딱 한 평 저승꽃 만발한 마을 속의 섬

저 명품에 끼지 못한 어정쩡한 나는

발치에 걸터앉아 귀동냥 삼매경인데

느티가 저녁이 가깝다며 그늘을 거둔다

빈집의 서사

한때 무당이 살았다고 하였다
헛것에 머리채 잡힌 눈먼 담쟁이만
미친년 종아리처럼
핏대를 세우는데

까마귀가 종종종 마당을 가로지른다
어여 오너라 어여 오너라
밑 빠진 장독 하나가
방문을 기어 나오고

툇잇! 똥 밟은 오늘이라도 괜찮다
눈물 머금은 통속이라도 괜찮다
이승이 저승 문턱에
넙죽 엎드려서

해 질 무렵

해 질 무렵 숲으로 가는 한 여자를 보았다

긴 머리와 날씬한 허리 풍부한 걸음걸이

무거운 뜬소문들만 잠시 어른거렸다

새벽이 올 때까지도 숲은 말이 없었다

몇 가지 병(病)과 한 권의 시집, 그리고……,

아무도 알 수 없었다 그녀가 누구였는지

봄밤

눈은 감기는데

중매쟁이 앞에서

달은 기우는데

딸년은 밤마실 가서

비린내 물씬 풍기며

흘레붙는

바람

이른 저녁의 詩

두 발의 아버지가, 세 발의 아버지가

가냘픈 손을 내밀어 내 심장을 움켜쥐네

자꾸만 눈길을 피하는 젊은 날의 아버지가

먼 길을 온 아버지를 어스름에 내려놓고

짐짓 되돌아서 캄캄해지는 목 안으로

한 번도 뱉어보지 못한 아픈 詩를 삼키네

밤을 주우며

여자였다 어미였다 한평생 자궁이었던

당신의 이력은 곤두박질로 완성된다

가시로 입적된 아이들을

울컥 울컥 쏟으며

표사처럼 한 줄로 요약되는 지극한 생

어떻게 허리 굽혀 경배하지 않고서

뭉클한 당신의 헌신을

주워 들 수 있을까요

미혹

늙은
매화나무가

꽃 두어 낱을
피워놓고

화무십일홍
화무십일홍

미혹(迷惑)에
갇혀 있다

세상의
두근거림은

다 어디로
갔을까

제2부

문산 택시 승강장에서

소읍 한 귀퉁이 그들의 왕국이 있다

음담과 패설이 충직한 주민이다

차부의 재떨이처럼 삼삼오오 엉켜서

어쩌다 바람 불면 떠밀리듯 사라졌다

어느새 돌아와 꼬리 물고 정박하는 섬

폭염은 고지서처럼 사정없이 달려들고

좀처럼 열리지 않는 은행을 국경으로

미스 양 스쿠터가 소나기처럼 훅 지나는

저 소읍 한 귀퉁이에 그들의 내일이 있다

옥천사

속세에 있음 감옥 갈 일 있다 하더이다 그래 산에 들었소만 이 장삼이 또 감옥이라오

참 곱소

저 여인 좀 보시게

법문이 다

잡소리제

세비야

기어이 못 볼 것을 보고야 말았을까
때 묻은 동전을 따라가는 시선은
어떠한 감정도 없는 구걸의 눈길이었네

여행의 노독을 풀어줄 낭만은 멀고
무례한 늙은 악사의 영혼 없는 연주가
이국의 생소한 음식처럼 목에 걸린다

아이를 들쳐업고 밥을 빌러 나온
깊고 막막했던 거지 아낙의 눈빛을
머나먼 이방의 거리에서 귀울음으로 듣는다

적막 한 채

매일 먹어야 하는 알약 같은 아침이 오고

마을에 흉흉한 소문이 돌고 나면

빈집이 또 하나 늘어 적막이 또 한 채

마당 갈라지는데 소쿠리 걱정한다고

오늘은 쓸데없이 집 뒤란이나 둘러보는데

우물 속 낯선 얼굴이 그믐처럼 섧다

우후죽순

어떤 이끌림에 속절없이 빨려 들어간

둥근 방들 속에 은둔한 고요가 창대하다 소리소문없이 키가 크고 소리소문없이 어른이 되어가는 소년들의 집, 가슴에 방이 하나씩 생길 때마다 해와 달이 공존하는 음습한 비밀들이 가끔 바람을 타고 영혼이 맑은 사람들의 눈과 귀를 간질이기도 한다

오너라, 찰나에 완성되는 죽죽 뻗는 세계여

장산댁

골방에서 근 반년을
두문불출하던 장산댁

방문을 열어젖히고
네 발로 기어 나와

허공을 지척에 두고
훠어이, 훠어이

피골이 상접하여
뿌리가 다 삭았다

아침과 저녁이
한 몸으로 들고

햇살이 일렁거리다
힘을 빼는 하오

한식뷔페

서로를 외면한 채 반찬통을 흘깃거리는

실한 허기가 풀물 든 손을 떨게 하는

국통의 플라스틱 국자가 기름기로 번들거리는 곳

유독 변두리로만 몰리는 가난처럼

싸고 푸진 푸성귀로 차려놓은 한 끼가

흙 맛에 익숙해진 그들을 충만하게 껴안는다

진천댁

좌판 앞 여자는 오늘도 우거지 상이다

절망에 사로잡힌 시든 푸성귀 같은

노름빚 사천만 원에 팔려 왔다는 여자

연민도 과분하여 불쾌하고 참혹하다

옷깃이라도 스칠까 똥이라도 밟을까

와자한 시장바닥이 갱엿처럼 끈적하다

느티나무의 폐업

성업 중이던 느티가 폐업을 선언한 뒤

외곽으로 떠돌던 낯 두꺼운 먼지들만

물 만난 상춘객처럼 왁자하게 붐빈다

저 그늘을 누가 깨끗하게 닦을 것인가

마을 속 신록이며 늙음의 구중궁궐이던

밭에서 돌아오던 엄니가 섬처럼 주저앉던

정자리의 밤

남의 집 담을 넘어와 양식을 축내는

고양이를 잡겠다고 함정을 파는 저녁

외따로 높은 마루에 턱을 괴고 앉아 있다

희미한 한숨 소리와 다정한 웃음소리들

많이 참았다는 듯 가로등이 길을 터준다

아직도 돌아오지 못한 신발들도 있으니

소나기

사과밭 소낙비는 사다리 타고 오네

고추밭 소낙비는 들뜬 새악시 같네

그사이 경운기 타고 가버리는 소낙비

사과 잎을 따는 당신은 시인인가요?

우산 속에 쪼그려 앉아 서로 붉어지는데

햇살이 골고루 퍼져 가을이 두드러지네

목발

허물어진 흙담을 목발이 받치고 있다

젖먹던 힘까지 다 써버린 너의 어깨를

누가 또 불러 앉혀서 훈수를 두고 있나

저 신발을 신고 바다를 보러 갔을

저 노를 저어서 희망을 찾아갔을

간신히 지탱하고 있는 저 아슬한 균형

동춘 서커스

호기심이라도 좋고 연민이라도 좋다

관객의 표정을 나는 볼 수 없지만

뒷전의 웅성거림이 치자꽃 향기 같다

둥근 항아리였는데 네모난 탁자였다

무대 위 몸을 누이고 두 발을 높이 들고

돌리고 돌리다 보면 어깨는 굳어지고

힘차게 일어서서 관객과 마주섰다

박수갈채는 공허하고 출구는 부산한데

잘못한 그 무엇도 없이 등골이 서늘하다

막간

화장이 일그러진 그 여자의 민낯이
목욕탕 가는 새벽 골목길을 열고 있다

아슬한 치맛단 솔기가
반쯤은 뜯겨 있다

어둠을 핑계로 빚진 생을 영위하는
쭈그려 앉아 명치께를 쾅쾅 치고 있는

희멀건 배설물 옆에서
얼룩이 되고 있는

등을 토닥이려다 흠칫 놀라 손을 뺀다
낮달이 뒤꼭지를 끈질기게 따라붙는다

외등이 깜박거리다
암전되는 1막 1장

제3부

제비꽃 물김치

제비꽃 물김치를 저녁상에 올린다
땅에 서린 기억을 몸으로 받을 줄 아는

햇살이 몰려가는 저쪽
문득 발이 저리다

흰 무명 덧대 기운 검정 고무신 깔고 앉아
넋 놓고 오수에 잠기는 꽃들의 시간

수저로 건져 올린다
어머니의 슬픈 밭둑

몇 꿈을 돌아와도 이랑은 너무 길어
꽃핀 저녁 밥상이 환해서 아픈 詩여

수면에 떠오르는 봄
경건히 받는다

내가 읽은 월아산
―봄

   당신은 속삭인다 나를 읽어봐, 나를 읽어봐 당신의 문장들은 수려하고 달콤해
     접혀진 무릎 안쪽 같은 첫 페이지로 들어간다

   저 길은 누구의 그리움으로 꽃핀 것인지 헛딛는 발자국에 수런대는 욕망들이
     선연한 울림으로 온 꽃그늘에 묻히고

   과거에 사로잡힌 내 몸이 환해지는데 또 다른 길 밖으로 나를 내모는 당신
     바람을 허기로 삼는 나는 자유인이다

귀환

바퀴가 땅에 닿자 박수가 터져 나왔다

늙은 낙타를 모는 아직도 꿈결인데

한사코 보자기를 풀어 탈탈 털고 있다

언젠가 또 떠날 것을 예감하는 그 순간

굉음처럼 달려오는 익숙한 그리움들

구름 속 트랩이 내려 붉은 노을에 닿는다

고립, 혹은 희망

부녀는 슬픈 포즈를 위해 등만 보여주었다

바다가 남은 자를 위한 배경음악을 연주할 때

서사는 원하지 않아도 제 여정을 따라가고

살얼음 같은 후방에서 난민처럼 부랑하다

아빠는 가족을 위해 죽음을 사 모았다

지금은 세상을 향해 흰 수건을 던져야 할 때

탁구를 치러 갔네

탁구를 치러 갔네 풋풋한 청년으로

룰루랄라 새 우는 골짜기도 따라왔네

예감은 매번 빗나가 변칙 서브만 난무하고

혁명가처럼 생을 빛나게 하고 싶었지만

의욕이 불타올라 늘 매치포인트에서 무너지네

후생을 꾸어다 쓴들 무엇을 더 보탤까

변두리 사설 1

겨울비가 오고 있다, 엇중모리로 오고 있다

옥상에 얼룩을 새긴 난파선 같은 집들이

골목의 오래된 주석*처럼 다닥다닥 붙어 있다

판소리 사설 같은 비바람이 치고 있다

부도를 맞고 들어온 사내의 목덜미에

말수가 부쩍 줄어든 아내의 손등 위에

---

*박은형의 시 「골목 서사」에서 차용.

변두리 사설 2

재활용 냉장고와 살이 뜯긴 의자들

투명하게 얼어 있는 감나무의 홍시들

흙탕물 뒤집어쓰고 말라붙은 마루 걸레들

인생은 어두운 곳에 선물을 숨긴다죠

쓰디쓴 실패와 무너진 꿈을 일으켜

고장 난 가슴들이 거기 서로 엉켜 있어요

버스 정류장 2

정류장 의자에 호박꽃이 피었다

호박꽃 다섯에 유모차가 다섯

희끗한 눈발 속으로

까마귀가

울고 간다

산 30번지

산 그림자 속으로 구불구불 기어드는
초록을 가득 담아 소쿠리를 엎는 봄

돌아와 마주한 곳이
환한 적막 한 비탈

꾸어 쓴 햇살이 빚 독촉하듯 저물어
까마귀 울다 간 자리 망자처럼 누워본다

새날이 가는 숨결처럼
대숲을 깨우기도 하는

오해

안성띠야, 영감이 아무래도 힘들것다

그러게 말여, 비야 오거나 말거나지

정자리 귀 먼 할매들이

부슬부슬

휘적휘적

흑백사진 2

엄마는 나에게 사랑을 주지 않았어

친엄마가 아니라고 단호하게 말했지

절망에 사로잡혔던 한 마리 짐승이었어

엄마에게 무수히 비수를 들이대던

열세 살, 그때 내가 뭘 알았겠어

가끔씩 날아와 박히는 혀, 혀를 깨물어

레커

나를 견인해 간다
죄가 무성한 밤

십자가를 끌고 온
골고다 로마 병사여

어느 때
어디서든 나타나

구원을 속삭인다

캐리어

나는 행주처럼

조금씩 낡아간다

소나기처럼 울다가

꽃처럼 저물다가

너에게 나를 말아 넣고

리셋, 리셋,

허밍, 허밍

사진 속으로

죽은 자가 내려다보는 물렁한 침대에서

사랑하고 TV 보고 수다를 떨다가

한 생이 뭉툭해져서

또는 정물화처럼

고추밭 서정

천연색 우산들이 퍼졌다 접히곤 하는
영양에서 안동 가는 일차선 국도변
습관성 장마도 잠시 숨 고르기 하고 있다

햇살이 가을빛 이미지를 덧입혀
어르고 주물러서 붉게 채색하면
오사리 푸른 고추들 시나브로 익어가고

고랑마다 수습된 비밀스런 수다들이
가난한 이 계절의 가장 큰 수확이라며
끝물인 저 일꾼들이 집으로 돌아간다

동질감

우리는 밤마다 같은 꿈을 꾸는 사이
등 푸른 언어와 소금으로 염하고
기억을 공유하면서 열반에 든 자반고등어

서로의 가슴에 거센 풍랑을 일으켜
연민과 고통과 목숨을 담보하면서
뼈와 살 그 지독한 형벌을 나눠 갖는 사이

제4부

늪

엄마는 나에게 침묵을 가르쳤다
목메는 밥이 아닌 감정은 사치라면서
울면서 십 리를 쫓아가도
보폭은 줄지 않았다

때때로 솟아나는 목울대의 서사들이
갑각류처럼 껍질 속에 안주하기 시작했고
시크한 가면을 쓴 채
한 생이 흘러갔다

뒤엉킨 내부가 감정들로 복닥거리는지
올여름 우포가 깊은 숨을 토해냈다
밤마다 흙탕물 속에서
얼굴을 건져 올린다

우포 산책

햇살은 저 눈부신 함정을 모른다

투명하게 얼어 있는 이슬의 본질을

나무는 옹색한 변명을 환부처럼 매달고

누구는 용케도 비껴갔다 노래하고

누구는 덜컥 헛발질하다 걸려들고

돌아와 거울을 보니 머리가 하얗다

여름 우포

물풀들이 조금 조금 목을 조여 오는

굽 터진 항아리 속 주인 잃은 목선이

폭염에 흐늘거리며 오수에 잠겨 있다

손가락 창문 사이로 넘실대는 고요가

늪이 삼킨 어부의 생애를 대변할 뿐

붕어의 찰진 산란기는 그 누구도 모를 일

가을, 쪽지벌

1
봉분인 듯 아닌 듯
흰 서리인 듯 아닌 듯

삘기를 뽑아먹던
그런 시절이었다

볕 바른
양지쪽에다

명패를
내다 걸던

2
여리고 여린 입에
물려줄 젖이 없어

눈물처럼 핑 도는
따뜻한 유선이 없어

우포는
출렁이는 면발만
눈부시게
널고 있다

겨울 우포늪 1

어부는 여러 빛깔의 슬픔을 가졌다고

파문을 일으켜 생각에 집중하는 늪

저녁이 올 때까지는 아직 울음이 멀다

기슭으로 그늘을 밀던 늙은 어부가 사라지자

바람이 잦아들고 물결은 더 단단해졌다

한동안 미동도 없이 흔적에 몰두하는 섬

겨울 우포늪 2

그 많던 생이가래, 부레옥잠 다 어디갔나

봄의 입구를 봉해버린 차디찬 너의 내부는

응시와 바람의 덮깃으로 써 내려간 나의 詩

나의 과수원

달콤한 블루베리는 깃털 많은 새들에게

알이 덜 찬 양배추는 눈이 붉은 노루에게

한 번도 따 보지 못한 단물 많은 복숭아

해마다 봄의 과수원엔 발랄함이 넘치고

노동의 즐거움은 내 혀에 감도네

가을이 쭉정이로 와 지붕을 얹는다 한들

달빛 아래

남편을
일찍 여윈
마을의
과수댁은
밤마다
도둑고양이처럼
밤마실을
다닌데
달빛이
하도나 밝아
귀티만
디뎌
밟으시길

파문 1

저만치 길 가운데 검은 새 한 마리
날개를 퍼덕이며 가늘게 떨고 있다
어쩌다 혼자 떨어져 생사를 헤매는지

잠 속의 흐느낌처럼 무진장 애틋하여
작고 여린 꽃잎 같은 이마를 짚어주며
오늘은 너를 위안 삼아 하루를 견디겠다

언 길을 조심조심 두근대며 가서 보니
땅속에 반쯤 묻힌 검은 비닐 조각이다
공복의 쓸쓸한 착시가 통점을 새기는 아침

파문 2

산책길 노루가 나를 피해 달아난다

내가 가해자인 걸 짐짓 아는 눈치다

헛것이 헛것이 아닌 소름 돋던 날이었다

어둠이 죄의식처럼 모퉁이에 숨어서

제물을 던져주며 장막을 치던 그때

순간을 시침질하듯 미완은 완성되고

정자리 사설 1

 청주띠, 저녁은 우예 묵고 나오나

 사과띠는 아프담서 아침 일찍 또 일하러 가데 참말로 지 몸띠이 문드러지는 줄도 모리고 죽자 사자 고치 따러 간다 아이가 막내가 여즉 사람 구실을 못하는 갑서 근디 사과띠는 왜 사과띠냐고? 대구서 왔다고 사과띠라고 안 하나 건너띠는 저 건너편 마을서 왔다고 건너따라 카고 속살띠는 속사리에서 시집와 속살띠가 되었제 저 논에 하우스? 몽땅 외지 사람들여 새벽에 젤로 좋은 차 타고 와 일허고 저녁에 저 혁신도시로 안 돌아가나 내가 이리 다리를 몬쓰는 것도 저놈의 하우스 때문이제 뭐 그땐 돈벌이가 있나··················,

 오늘은 와 바람 한 점 없노
 날이 참 지랄 같네

정자리 사설 2

머라 머라 싸도 사람이
젤로 독하다 아이가

산도 뱃기 묵고 바다도 뱃기 묵고 저 들도 다 뱃기 묵고 나중엔 사람이 사람 잡아 먹을라 칼끼다…… 어제는 하우스 쥔들끼리 쌈이 붙었다 안 카나 뭐 지하수가 모지라 지 물 내 물 하며서 그랬다카데 저 내천에 올갱이가 그케도 많더만 요새는 영 없다……………… 아, 청주띠 또 둘째 손주 봤담서 아이고 참말로 잘 했데이, 잘 했데이……

늦었다 언자 잘란다
청승 떨지 말고 드가라

포수

하필
내 발밑에 던져놓고 갈 건 무언가

콩밭을
제집인 양 드나들던 그 눈망울을

환생한
딸인 듯하여

밤마다
안고 자던 것을

택호

대구서 온 그녀를 사과댁이라 부르네

센스가 만점인 정자리 어르신들

건너댁 뒷골댁 모두 착한 사마리아인

청주서 온 나는 무심천댁으로 불렸으면

물 흐르는 소리로 나중까지 흐르고 흘러

아이고 무심천댁이 그만,

나 물결에

휩쓸리겠네

살모사

죽음을 파헤치고 올라오는 저것이

혀를 날름거리며 빙빙 도는 저것이

똥개도 어쩌지 못하는

살 떨리는 간지럼이다

제5부

산촌에서 열흘 2

이곳에 둥지를 튼 지 벌써 열흘입니다

하루가 그대와 나의 인연만큼 짧아서

오늘은 저 고속열차처럼 서럽기만 합니다

골짜기로 스며드는 저녁의 그림자가

가을 끝 무서리처럼 더욱 스산해져

다음 생 어느 언저리 만나질까 싶지 않으니

길

내가 밟은 무수한 풀과 벌레를 생각한다

덤불을 헤치며 갈림길에 도달했을 때

그 길을 처음인 것처럼 누가 또 밟고 온다

희미하게 아주 작은 오솔길이 생겨나고

그 후 탄탄대로는 아무도 의심치 않았다

당신이 균형을 잃고 발을 삼키기 전까지

완경

작은 참새 두 마리가 화폭을 열고 와
블루베리 가는 가지에 진경을 펼쳤다

봄빛이 큰 진폭으로
나를 끌고 간 거기

나무와 새는 서로의 감정을 나누느라
저를 훔쳐보는 이 애틋함을 모르고

내 몸은 저 가벼움을
넘어서지 못하고

붓 터치는 섬세하거나 유려하지 못해
경계 밖 타인처럼 선 밖에서 서성이다

새들이 날아가는 쪽으로
낙관을 찍는다

꽃잎들 우글거릴 때

추억, 하고 말하면 밀고 올라오는 것들

덩어리진 슬픔을 입속에서 녹여 먹을 때

누군가 숨을 쉬려고 사랑을 호명할 때

울 넘어선 오동나무 그 잎사귀 그늘이

돌담을 넘어오는 웃음소리에 멍들 때

가슴에 마르지 않는 꽃잎들 우글거릴 때

일월에서

  어딘지 알 수 없는 이곳까지 흘러와 끝없는 옥수수밭을 경이롭게 바라본다 그 몸에 두세 개씩은 혹을 달고 있다

  엄마는 노오란 옥수수를 팔아서 우리를 입히고 먹이고 재웠는데 아직도 행려를 쫓아 길 아닌 길을 간다

흑백사진 2

잔뜩 겁먹은 눈, 꽉 다문 처진 입술

후미진 골목으로 그 애가 들어왔어

평생에 그런 기억은 쉽게 수습되지 않아

시절을 잘 살아낸 어린 나를 대견해 하며

눈시울 뜨거워지는 그런 순간 얼마일까

햇살이 잘 드는 창가 푸른 새 한 마리

폭설

누가 훅 불었을까
금 간 저 하늘을

의지에 사로잡힌 마라톤 선수처럼
심장의 박동 소리가 위험 수위에 이른다

방금 지난 함양 입구가
금세 다 지워지고

어디서 내가 흘러와
사유에 붙들리는가

앞뒤의 세월 간격이
빗장을 푸는
동안

창고

다용도실이 있고 나서야

집은 완성된다

안락한 밤을 위해

상처들은 덮어야 하리

기꺼이

창고가 되고 싶다

네가

빛날 수만 있다면

실업급여 수급자를 위한 취업희망카드

한동안 잘 먹고 잘 놀 수 있겠다

취업 의지가 없는 나는 부정 수급자

빈 들에 마른 풀 같은* 나는 희망 수급자

---

*찬송가 183장에서 빌려옴.

나트랑 오토바이 1

두 아이는 무릎에 두 아이는 엉덩이에

그 뒤에 배부른 아내 애를 하나 업고 있다

가족의 찐한 서사를 차창으로 읽는 여름

저 위태한 생활의 서커스 한 장면은

예술적 사진인가 흥미로운 볼거린가

지게와 자전거와 리어카, 그리운 아첨꾼들

나트랑 오토바이 2

땅을 파는 드릴과 삽을 실은 오토바이

산을 하나 넘는데 달랏부터 동행이다

이 땅에 고엽제가 남아 땅굴을 파고 오나

목이 졸려 파닥거리는 삽자루가 위태하다

드릴은 드릴대로 그저 몸을 맡길 뿐

편견을 버려야만 해 나도 삽이 될 수 있으니

삼탄아트마인*
― 아우슈비츠

천장에서 물줄기가 독가스처럼 쏟아진다

덮어쓴 검은 영광을 반 마일 털어내고

그들은 다시 햇살이 되어

가족 곁으로 가곤 했다

꼼꼼히 씻어내도 씻기지 않는 낙인이다

오래된 협곡과 터널을 돌고 돌아

시대의 박제가 되어버린

폐광, 그 후가 궁금한

---

*폐광을 리모델링한 문화재생공간. 강원 정선 소재.

비 오는 월요일

왜 비는 월요일에 내리나, 예보도 없이

선택적으로 맞고 틀린 배후는 누구인가

주말에 오지 않겠다고 너는 말했지

날개를 활짝 펴고 구름 위를 날고 싶어

흥건히 고이는 눈물의 끝을 보고 싶어

난 다시 월요일이 되어서 꿈에서 깰 거야

책벌레

시를 탐닉하던 그것을 눌러 죽인다

그것의 의중을 물어볼 겨를 없이

행과 행 그 먼 거리에 사다리가 놓인다

하필 펼친 것이 성찬의 저녁이었나

인간, 그 영역을 침범한 죄를 묻다

읽다 만 시집을 접어 죽음을 방기한다

해설

저 쓸모없는 것들의 고귀함
—손영희 시집 『세상의 두근거림은 다 어디로 갔을까』 읽기

오민석(시인·문학평론가)

1.

벤야민(W. Benjamin)은 「생산자로서의 저자」에서 현대 작가의 가장 긴요한 과제를 "작가가 자신이 얼마나 가난한지를 깨닫는 것, 그리고 처음부터 다시 시작할 수 있기 위해 그가 얼마나 가난해져야만 하는지를 인지하는 것"이라고 하였다. 가난의 다른 이름은 궁핍 혹은 결핍이다. 자신과 세계의 궁핍을 보지 못하는 시인은 시인이 아니다. 자신과 세계의 가난을 깨닫는 것이야말로 시의 출발이고, 그런 출발을 하기 위해서 시인은 누구보다 "가난해져야만" 한다. 물론 여기에서 말하는 가난이란 물질적 가난을 이야기하는 것이 아니다. 시인이라고 해서 왜 경제적으로 없이 살아야만 하겠는가. 벤야민이 말하

는 가난은 궁핍에 대한 '민감한 인지의 상태'를 의미한다. 시인은 예민한 안테나로 자신과 세계의 헐벗음을 포착한다. 이 포착의 순간, 자아와 세계는 문제적인 것(the problematic)이 되며 시인은 문제적인 사유를 시작한다. 가령, 왜 존재는 빈 구멍으로 가득한가. 세계는 왜 존재들의 행복으로 충일하지 않은가. 이 시집의 제목처럼 "세상의 두근거림은 다 어디로 갔을까". 시인이 세계의 궁핍을 따지듯 건드릴 때 비로소 시적 사유가 시작된다. 이처럼 가난, 혹은 가난에 대한 인지야말로 시인이 "처음부터 다시 시작할 수 있기" 위한 전제 조건이다. 그러므로 횔덜린(F. Hölderlin)이 말하는 "궁핍한 시대"란 시인을 필요로 하는 모든 시대이다. 시인은 궁핍한 시대에 궁핍이 없는 시대를 꿈꾼다는 점에서 반시대적이다.

  손영희 시인의 이 시집은 제목에서 이미 드러나다시피 중요한 어떤 것들이 사라진, 그리고 사라지고 있는 세계에 관한 질문과 성찰로 이루어져 있다. 소수의 영웅이 세계의 주인이 아닌 것처럼, 세계는 거대 서사의 콘텐츠만으로 이루어져 있지 않다. 세계의 궁핍은 "쓰잘데없이 고귀한 것들"(도정일)의 부재 때문에 생긴다. "고귀한 것들"의 리스트를 "쓰잘데"만으로 작성하는 자들은 쓰잘데없는 것들의 고귀함을 모른다. 세계는 크기나 부피만으로 구성되어 있지 않다. 아무런 영향력도 없을 것 같은 작은 것들의 끝없는 연쇄가 세계를 만든다. "흙덩이 하나가 바닷물에 씻겨 내려가도/유럽의 땅은 그만큼 작아진다"는 말은 시인 존 던(J. Donne)의 엄살이나 허풍이 아니다. 쓰잘데없는 존재는 없다. 다만 쓰잘데없어 보이거나 쓰잘데없다고 사람들이 생각하는 존재만 있을 뿐이다. 손영희 시인은 이 시집에서 우리를 궁핍하게 만드는, 우리를 가난하게 만드는 것들의 목록을 작성한다. 그것들은 쓰잘데없어 보이지만 고귀한 것들의 목록이다.

> 느티나무 정자가 하루 종일 성업이다
>
> 노숙을 자처한 살림살이도 한몫하는
>
> 딱 한 평 저승꽃 만발한 마을 속의 섬
>
> 저 명품에 끼지 못한 어정쩡한 나는
>
> 발치에 걸터앉아 귀동냥 삼매경인데
>
> 느티가 저녁이 가깝다며 그늘을 거둔다
> ─「느티나무 정자」 전문

"딱 한 평"밖에 되지 않는 "느티나무 정자"는 "저승꽃 만발한" 노인들로 "하루 종일 성업이다". 노인들은 평생의 에너지를 거의 다 소진한, 이제 특별히 할 일도 없는, 어찌 보면 가장 비생산적인 존재들이다. 시인의 시선은 이렇게 '쓰잘데없는' 존재들에게 가 있다는 점에서 효용성과 생산성을 중시하는 근대성의 대척점에 있다. 근대성이 존재의 '쓸모'를 따진다면, 시적인 것은 '쓸모'와 무관한 다른 것을 찾는다. 화자는 생산성 바닥인 "저승꽃"들을 "명품"이라 높이고, 자신을 그것에 "끼지 못한 어정쩡한" 존재로 낮춘다. 화자가 하는 일은 쓰잘데없지만 고귀한 존재들의 "발치에 걸터앉아" 그들의 이야기를 "귀동냥"하는 것이다. 그러나 텍스트의 어디에도 왜 그들이 중요한 존재인지에 관한 직접적인 언급이 없다. 심지어 "느티나무 정자"는 마을에서도 분리된 "섬"이다. 그러나 그곳엔 죽음이 가까워지도록 한 마을에서 함께 살아온 사람들의 소중한 공동체가 있다. 근대의 개인적 삶(가령 이 시에서의 젊은 화자의 삶)이 공동체적 층위에서 떨어져 나온 것이었다면, "명품"인 노인 세대의 삶은 개인과 사회적 층위가 촘촘히 얽혀 잘 구분이 되지 않는 것이었다. 그들에게 너의 삶은 나의 삶이었고, 나의 삶은 너의 삶이었다. 그들은 먼 옛날부터 다 늙어 죽음을 앞둔 지금까지 늘 '함께' 지내왔다. '함께'야말로 이들 삶의 모토이다. 거대한 그늘을 만들어 이 작은 공동체를 지속 가능케 한 "느티나무"는 이 명품 공동체의 오랜 역사를 암시하는 상징물이다. 그것은 수백 년의 역사를 통해 이 마을에서 일어난 온갖 개인사/사회사를 지켜봐 왔으며, 지금도 거대한 품으로 그런 삶을 살아온 개체들을 품고 있다. 공동체가 깡그리 깨져버린 시대의 시적 화자가 "귀동냥 삼매경"을 하는 것은 바로 이 오래된 공동체 혹은 이 오래된 미래의 지혜이다.

    겨울비가 오고 있다, 엇중모리로 오고 있다

    옥상에 얼룩을 새긴 난파선 같은 집들이

    골목의 오래된 주석처럼 다닥다닥 붙어 있다

    판소리 사설 같은 비바람이 치고 있다

    부도를 맞고 들어온 사내의 목덜미에

    말수가 부쩍 줄어든 아내의 손등 위에
                      ―「변두리 사설 1」 전문

보다시피 이 작품은 "판소리 사설 같은 비바람"을 맞고 있는 가난의 풍경을 묘사하고 있다. 시인이 가난의 "얼룩"이 덕지덕지 묻어 있는 "난파선 같은 집들"에 주목하는 이유는 무엇일까. 그곳엔 사람살이의 무수한 서사들이 "오래된 주석처럼 다닥다닥 붙어" 있기 때문이다. 그곳엔 가장 인간다운 절망과 실패와 고통의 서사들이 자라고 있다. 자고로 사람에 대한 이해는 산전수전의 내러티브에 대한 탐구를 통해서만 가능하다. 중심에서 밀려난 "변두리" 담론엔 그 무수한 삶의 이야기들이 존재한다. 누군들 패배하고 싶겠는가. 자본주의 사회에서 영웅 신화는 생산성의 극대화로 최고의 이윤을 남김으로써 경쟁에서 이긴 소수의 자본가가 독점한다. 그러므로 "변두리"는 승리한 소수가 아니라 패배한 다수의 공간이다. 그러므로 역설적이게도 "변두리"야말로 자본주의의 외곽이 아니라 중심이다. 그러므로 "변두리 사설"은 주변이 아니라, 이 사회의 중심에서 고통받고 있는 다수에 관한 이야기이다. 그들은 가장 고귀하나 가장 쓰잘데없는 존재로 취급당하는 다수이다.

2.

사물을 '쓸모'로만 대할 때, 사물의 신비는 사라진다. 사물을 효용으로만 대할 때, 존재는 사라지고 기능만 남는다. 근대는 쓸모와 효용이 이끌던 시대이다. 근대성의 관점에서 볼 때 쓸모와 효용에 대해 무지했던 전(前)근대는 낭비와 무지와 게으름의 시대였다. 쓸모와 효용은 생산력을 극대화했고 인류 역사상 가장 큰 부의 생산을 가져왔다. 그러나 기계 복제 시대에 예술작품의 아우라가 박살 났듯이(발터 벤야민), 생산성

천국의 시대에 인간성은 극도로 훼손되었다. 쓸모가 없는 모든 것은 존재 이유가 없는 것이 되었으며, 기능이 존재를 노예화했다. 쓸모의 체계화가 부의 양을 극대화했지만, 불평등은 유사 이래 가장 심각해졌다.

상품인 인간과 상품인 문화와 상품인 기계가 쓸모의 왕국을 지배하는 동안 "세상의 두근거림"은 모두 사라졌다. "세상의 두근거림"은 놀랍게도 기능과 무관하게 쓸모없어 보이는 것, 사소해 보이는 것들 속에 있었다. 손영희 시인은 이 시집에서 쓸모가 지워버린 그 모든 쓰잘데없는 것들 안에서 '두근거리는 고귀함'을 찾는다. 시인은 궁핍이 완전히 사라질 때까지 시대의 궁핍을 가장 예민하게 포착하는 자이다. 궁핍하지 않은 시대의 시인이란 없다.

    한데에 그대를 널자 생기가 사라졌다

    묶이는 어떤 생은 갈피가 많다는 것

    기어코 남은 향기는 허공에나 꽃피운다

    혼이 나갔으니 날마다 환청인데

    조이면 바스러질 목줄처럼 서걱대다

서러운 싸락눈에나 뺨을 내줄 뿐

몸을 부풀리던 기억의 습성은 남아

사막에 길을 터준 별빛에 기대어

시 한 편 물에 불리며 여물어 가겠네
　　　　　　　　　　—「시래기 엮음歌」 전문

　손영희의 시(조)를 읽다 보면 새삼 시조가 '시절단가음조(時節短歌音調)'라는 명칭에서 유래했다는 사실을 환기하게 한다. 시조는 무엇보다 시절, 즉 시대의 노래이다. 손영희의 시들은 궁핍한 시대의 징후들을 포착한다. 한때 초록의 풍요로 자라던 "시래기"에겐 "몸을 부풀리던 기억"이 남아 있다. 그러나 "시래기"의 형태로 공중에 널자, 초록의 "생기"는 사라지고 만다. 부풀어 오르던 몸은 끈에 묶이고 그나마 "남은 향기는 허공"에서 사라진다. 그것은 죽은 제 몸의 혼을 찾으며 "조이면 바스러질 목줄처럼" 바싹 마른다. "서러운 싸락눈"에 뺨을 맞으며 다음의 쓸모를 기다리는 "시래기"의 꿈은 무엇일까. 마지막 행에서 시인은 시래기를 슬쩍 "시 한 편"으로 전치(轉置)한다. 죽음의 절정에서 다시 내려와 "물에 불리며" 새로운 존재성을 획득하는 시래기처럼 시는 쓸모없음의 정점에서 세상의 문법과는 다른 쓸모를 창조한다.

> 두 아이는 무릎에 두 아이는 엉덩이에
>
> 그 뒤에 배부른 아내 애를 하나 업고 있다
>
> 가족의 찐한 서사를 차창으로 읽는 여름
>
> 저 위태한 생활의 서커스 한 장면은
>
> 예술적 사진인가 흥미로운 볼거린가
>
> 지게와 자전거와 리어카, 그리운 아첨꾼들
> ―「나트랑 오토바이 1」 전문

해외 여행지 "나트랑"에서도 시인은 여전히 궁핍의 현실을 잡아낸다. 가난을 혹처럼 달고 있는 "가족의 찐한 서사"가 시인의 촉수를 건드린 것이다. 시인은 왜 부요한 현실을 이야기하지 않을까. 부요함은 그 자체 죄가 아니지만 시적 사유를 촉발하지 않는다. 그것이 행운이라면 그냥 축복하면 된다. 만일 그 속으로도 문학의 촉수가 끼어든다면, 그 안에 모종의 깊은

'사연'이 있을 때이다. 그러나 대부분의 인간적 사연은 패배와 실패와 절망의 서사에서 발견된다. 시인이 쓰잘데없어진 사람들의 아픈 존재감을 들여다보거나 가난의 '사설'에 감성의 경보를 울리는 것도 이 때문이다. 즐거워야 할 해외 여행길에서도 시인은 소비와 향락 대신에 "위태한 생활의 서커스 한 장면"을 본다. 그리고 그것에서 '본다는 것의 의미'를 되묻는다. 존 버거(J. Berger)의 말대로 "보는 것이야말로 세계 안에서 우리의 자리를 확립해준다."(『다른 방식으로 보기』) 시인은 자신의 '보기'의 결과가 "예술적 사진"인지 "흥미로운 볼거리"에 불과한지 자성적 질문을 던진다. 저들에겐 "위태한 생활"이 나에겐 그저 예술적인 작품의 소재나 재미있는 볼거리에 불과할 수도 있다. 그러므로 저 가난과 위태한 생계를 '보는 것'만으로 족하지 않다. 문제는 그것을 어떻게 볼 것인가이다. 그러면서 시인은 "오토바이" 시대 이전에 자신이 경험했던 (한국의) 운송 수단들("지게와 자전거와 리어카")을 순서대로 떠올린다. 텍스트에는 생략되어 있지만 시인은 이런 운송 수단과 관련된 자신의 먼 과거를 회상한다. "그리운 아첨꾼들" 같은 대목은 얼핏 보기엔 뜬금없어 보이지만, 화자가 자전거를 소유했을 때 그것을 타보고 싶어 "아첨"했던 친구들을 회상하는 것으로 이해하면 쉽게 다가온다.

    내가 밟은 무수한 풀과 벌레를 생각한다

덤불을 헤치며 갈림길에 도달했을 때

그 길을 처음인 것처럼 누가 또 밟고 온다

희미하게 아주 작은 오솔길이 생겨나고

그 후 탄탄대로는 아무도 의심치 않았다

당신이 균형을 잃고 발을 삼키기 전까지
―「길」 전문

처음부터 대로인 길은 없다. 새로운 길이 만들어질 때 그 길의 수많은 원주민("내가 밟은 무수한 풀과 벌레")이 희생된다. 그 길에 점점 많은 사람이 모여들고 그 길을 지나다닐 때, 없던 길은 대로가 된다. 대로는 대세이고 문화적 헤게모니이며 통념이고 상식이다. 그것은 한 시대의 지배적 가치 체계라는 점에서 푸코(M. Foucault)적 의미의 에피스테메(episteme)이다. 헤게모니는 다른 생각과 가치들을 배제한다. 대세의 뒤와 아래, 그리고 바깥에 함구 당한 담론들이 존재한다. "탄탄대로"의 바깥에 쫓겨난 목소리들이 우글거린다. 시인은 아무도 의심하지 않을 때 "탄탄대로"의 정당성을 의심한다. "균형을 잃고" 탄탄대로에서 쓰러져 본 자만이 대체로 그런 의심을 할 줄 안다. 시인은 쓰러지기도 전에 "탄탄대로"의 보편적 진리를 의심하고 그것에 구멍을 낸다. 한마디로 "탄탄대로"란 없다. "탄탄대로"는 시대의 어둠과 궁핍을 감추는 기호이다.

3.

지금까지 살펴본 것처럼 손영희 시인은 세상에서 버려진 것, 쓸데없는 것, 가난한 것, 늙은 것, 약한 것, 아픈 것, 죽어가는 것, 사라진 것 혹은 사라지는 것들에 시의 촉수를 들이댄다. 그는 시가 다름 아닌 궁핍의 시대에 궁핍과 싸우는 궁핍의 언어임을 잘 알고 있다. 그는 문화적 헤게모니에서 배제된 다수의 목소리에 귀를 기울인다. 그에게 이런 다수는 사실상 '주변화된 중심(marginalized center)'이다. 누가 중심인 이들을 주변으로 몰아내는가. 그것은 소위 대세인 가치 체계가, 쓸모 중심의 세상이 그러는 것이다. 그러나 우리의 가슴을 진정으로 두근거리게 하는 것은 쓸모와 기능, 탄탄대로만이 아니다. 시인은 작고 약한 것들의 배후에 있는 (안 보이는) 생명성의 약동을 감지한다.

> 햇살은 저 눈부신 함정을 모른다

투명하게 얼어 있는 이슬의 본질을

나무는 옹색한 변명을 환부처럼 매달고

누구는 용케도 비껴갔다 노래하고

누구는 덜컥 헛발질하다 걸려들고

돌아와 거울을 보니 머리가 하얗다
—「우포 산책」 전문

 이 시집에서 가장 아름다운 성취를 보여주는 작품 중의 하나인 이 시는 우포늪의 풍경을 형상화하면서 사라진 신비와 생명성의 세계를 넌지시 제시한다. 직접적 언급 대신에, 이 작품은 서정적인 비유를 통하여 쓸모와 효용의 이데올로기에 의해 사라진 사물의 신비를 암시한다. 첫 행의 "햇살"은 그 모든 무지와 어둠을 몰아내는 근대적 이성 혹은 계몽(enlightenment)의 빛으로 읽어도 된다. 근대성의 이데올로기는 이성과 계몽의 빛으로 모든 것을 설명하고 개선할 수 있다는 확신에 가득 차 있었다. 그것은 상상과 신비, 공상과 꿈을 미신으로 간주하였으며, 논리의 장애가 되는 모든 것을 '쓸모없는' 것들로 배제하였다. 그러나 이 시의 말대로 "햇살은 저 눈부신 함정을 모른다". 근내적 이성은 "투명하게 얼어 있는 이슬"의 표피만 볼 뿐, 즉 그것의 온도와 강도만을 설명할 뿐, 그것의 "본질"을 모른다. 투명하게 얼어 있는 이슬이 언제든 무너져 "덜컥 헛발질하다" 깊고 깊은 늪에 빠질 줄 누가 알랴. "누구는 용케도 비껴갔다"고 말하지만, 늪은 계몽의 "햇살"로 설명할 수 없는 많은 비밀을 내부에 갖고 있다. 늪은 쓸모의 이데올로기가 포착하지 못하는 신비의 "함정"이다. 그것은 표피에 "이슬", "나무" 따위의 "옹색한 변명"을 내걸고 있지만, 그 깊은 속을 쉽게 드러내지 않는다. 이 세상은 이성, 쓸모, 효용의 눈부신 "햇살"로 설명할 수 없는 많은 것들로 이루어져 있다. "돌아와 거울을 보니 머리가 하얗다"라는 마지막 문장은 얼마나 의미심장한가. 깊은 깨달음은 광속의 시간으로 어리석었던 주체를 공격한다.

눈은 감기는데

중매쟁이 앞에서

달은 기우는데

딸년은 밤마실 가서

비린내 물씬 풍기며

흘레붙는

바람
　　　　　　　—「봄밤」 전문

이 시에서 "중매쟁이"는 사회적 통념, 관습, 대세, 지배적인 문화의 상징이다. 그 앞에서 눈이 감기고, 달이 기우는 것은, 이런 관습이 오래 묵은 것이고 매우 상투적이며 낡고 지루한 것임을 보여준다. 시인이 주목하는 것은 이와 같은 문화적 헤게모니를 찢는 창조적 행위이다. "밤마실 가서/비린내 물씬 풍기며/흘레붙는/바람"인 "딸년"은 관습과 통념을 깡그리 무시하며 그것에 구멍을 내는 생명성의 힘이다. "봄밤"은 그런 해방적 수행(performance)을 조장하는 자연의 상징이다. "딸년"의 일탈과 "봄날"의 생명성은 '자연'을 매개로 하나가 된다. "중매쟁이"가 관례적 이성과 합리성의 상징이라면 "딸년"은 그것에 저항하는 원초적 힘의 상징이다. 시인이 말하고 싶은 것은 사회적 파사드(facade)의 대세가 진짜 대세가 아니라는 것이다. 앞에 인용한 시에서 밝은 햇살이 밝혀내지 못하는 "함정"이 있는 것처럼, 합리성과 논리로 해명이나 제어가 되지 않는 다른 힘의 세계가 있다. 누가 대세를 진짜 대세라고 말하는가. 누가 쓸모없는 것들을 쓸모없다고 단정 짓는가.

>남편을
>일찍 여읜
>마을의
>과수댁은
>밤마다
>도둑고양이처럼
>밤마실을
>다닌데
>달빛이
>하도나 밝아
>귀티만
>디뎌
>밟으시길
>
>―「달빛 아래」 전문

 구어체의 가벼운 뒷담화 형식으로 전하는 이 시의 메시지는 그렇게 단순하지 않다. "도둑고양이"는 계몽의 윤리가 통제하지 못하는 생명성의 상징이다. 윤리적 잣대로만 읽으면 이 시는 흉흉한 관음증의 통로 이상이 되지 못한다. 시인이 노리는 것은 백주 대낮의 풍경이 현실의 전부가 아니라는 메시지이다. 이성과 계몽의 이데올로기는 "밤마다" "밤마실을" 다니는 것들의 힘을 모른다. 햇살 아래 모든 것이 까발려졌다고 생각하면 오산이다. 햇살의 반대편에서 "도둑고양이"처럼 스멀거리며 이성과 합리성의 허구를 전복하는 힘이 있다.

손영희 시인은 쓸모와 효용성의 이데올로기가 주변화한 것들을 주목한다. 우리는 합리성과 이성의 잣대로 얼마나 많은 "세상의 두근거림"을 버렸는가. 그리하여 쓸모없어 보이는 것들 속에 희미하게나마 남아 있는 "두근거림"의 기원과 힘을 찾는 일은 얼마나 중요한가. 이 시집은 근대성이 버린, 쓸모없는 것들의 고귀한 목록을 보여준다. 거기에 근대 이후의 새로운 시적 이정표가 있다.

시인동네 시인선 224

세상의 두근거림은 다 어디로 갔을까
ⓒ 손영희

초판 1쇄 인쇄	2024년 1월 15일
초판 1쇄 발행	2024년 1월 22일
지은이	손영희
펴낸이	김석봉
디자인	헤이존
펴낸곳	문학의전당
출판등록	제448-251002012000043호
주소	충북 단양군 적성면 도곡파랑로 178
전화	043-421-1977
전자우편	sbpoem@naver.com

ISBN 979-11-5896-630-0 03810

*이 책의 판권은 지은이와 문학의전당에 있습니다.
*양측의 서면 동의 없는 무단 전재 및 복제를 금합니다.
*잘못 만들어진 책은 바꿔드립니다.
*이 시집은 서울특별시, 서울문화재단 '2023년 창작집 발간지원사업'의 지원을 받아 발간되었습니다.